Der Herbst ist da – Das Liederbuch
Die 25 schönsten Herbstlieder

Gesammelt und herausgegeben von Stephen Janetzko

Copyright © 2014 Verlag Stephen Janetzko, Erlangen
www.kinderliederhits.de
Alle Lieder verlegt bei Edition SEEBÄR- Musik Stephen Janetzko, Erlangen
(außer wo angegeben).
Online-Shop im Internet unter www.kinderlieder-shop.de
Coverzeichnung: Petra Lefin - Covergrafik: Stephen Janetzko (CD-Grafik: Marco Breitenstein)
Notensatz, grafische Vorbereitung und Idee: Stephen Janetzko
All rights reserved.

ISBN-10: 3957220653

ISBN-13: 978-3-95722-065-3

Inhaltsverzeichnis

Lied:	**Seitenzahl:**
Die Herbstzeit ist da	1
Der Herbst, der Herbst ist da	2
Bunte Blätter (Herbstlied)	3
Herbst ist da	4
Der Herbst ist da	5
September, Oktober	6
Ernte-Tanzlied	7
Bunt sind schon die Wälder	8
Apfel-Rap	9
Herbstwind, Herbstwind	10
Es ist Herbst	11
Ihr Blätter, wollt ihr tanzen	12
Ich fange alle Blätter ein	13
Drachenlied	14
Wenn wir zum Erntedankfest gehn	15
Danke für die Früchte	16
Regensamba	17
Laternchen, Laternchen	18
Hallo-Hallo-Halloween	19
Leer sind die Felder	20
Äpfel, Äpfel, köstlich fein	21
Martinslied (Laterne, leuchte, leuchte hell)	22
Rock den Herbst	23
Nimm deine Träume	24
Ich schenk dir einen Stern	25

Vorwort

Dies ist das Liederbuch zur gleichnamigen Herbstlieder-CD von Stephen Janetzko & vielen Freunden und Kollegen für alle Kindergruppen und zu Hause!
Eine randvolle, kunterbunte Liedersammlung von der Erntezeit über Halloween bis zum Laternenfest. Neue und alte Herbstlieder von und mit Stephen Janetzko, aus dem Kinderchor Canzonetta Berlin und weiteren Songbeiträgen von Kati Breuer, Cattu dem Traumfänger, Hermann Heimeier, Christian Rau und Tara G. Zintel.
Natürlich ist das Buch auch ohne die CD nutzbar.
Dieses Liederbuch enthält von „Bunt sind schon die Wälder" und „Ihr Blätter, wollt ihr tanzen" über „Der Herbst, der Herbst ist da" und „Bunte Blätter" bis hin zu „Hallo-Hallo-Halloween" und „Rock den Herbst" die 25 bekanntesten traditionellen sowie unsere schönsten neuen Lieder für die goldene Jahreszeit.

Ein herzliches Dankeschön an alle beteiligten Autoren und Verlage*, insbesondere an Thomas Kornfeld fürs Notenraussuchen und seine gute Beratung bei „Bunte Blätter".

Die Lieder sind in genau dieser Zusammenstellung separat als CD erhältlich.

Viel Freude beim Singen und Musizieren!

Stephen Janetzko

*Hinweis: Trotz redlichem Bemühen ist es uns leider nicht in allen Fällen gelungen, die Urheber einiger Lieder eindeutig zu klären bzw. etwaige Rechteinhaber ausfindig zu machen. Die Inhaber solcher Rechte werden gebeten, sich mit dem Verlag in Verbindung zu setzen.

Die Herbstzeit ist da

Text und Musik: Stephen Janetzko; CD "Der Herbst ist da - Die 25 schönsten Herbstlieder"
© Edition SEEBÄR-Musik Stephen Janetzko, www.kinderliederhits.de

Refrain: Die Herbstzeit ist da, die Herbstzeit ist da, die Welt ist bunt, die Blätter fall'n, ich find das wunderbar. Die Herbstzeit ist da, die Herbstzeit ist da, nach Erntedank und Halloween ist bald Sankt Martin da!

1. Sommer, Sommer ist vorbei, Winter rückt nun näher.
Abends wird es dunkler nun täglich etwas eher.

Refrain.

2. Wenn der große Herbstwind weht, steigen alle Drachen.
Weil es immer kühler wird, trag ich warme Sachen.

Refrain.

3. Schau, wie strahlt mein Kürbislicht lustig auch von ferne!
Wenn es dann November ist, trag ich die Laterne.

Refrain.

Weitere Strophen ergänzend möglich:

4. War die Sonne allzu heiß seinerzeit in Spanien;
die Gesichter wieder blass, braun sind nun Kastanien!

5. Wieder geht die Schule los und der Kindergarten.
Alles kommt zu seiner Zeit, ich kann's kaum erwarten!

6. Und es kommt der erste Schnee, bleibt nicht lange liegen.
Doch ist das nicht wunderschön, wenn die Flocken fliegen?

Der Herbst, der Herbst ist da

Text und Musik: Hans-Reinhard Franzke; aus Fidula-Buch und CD: "Herbst- und Martinslieder"
Alle Rechte: Fidula-Verlag Holzmeister GmbH, Boppard, www.fidula.de;
Auf der CD: "Der Herbst ist da - Die 25 schönsten Herbstlieder", ISBN 978-3-95722-063-9;
Notensatz & CD: Kinderlieder-Shop Stephen Janetzko, Erlangen, www.kinderliederhits.de

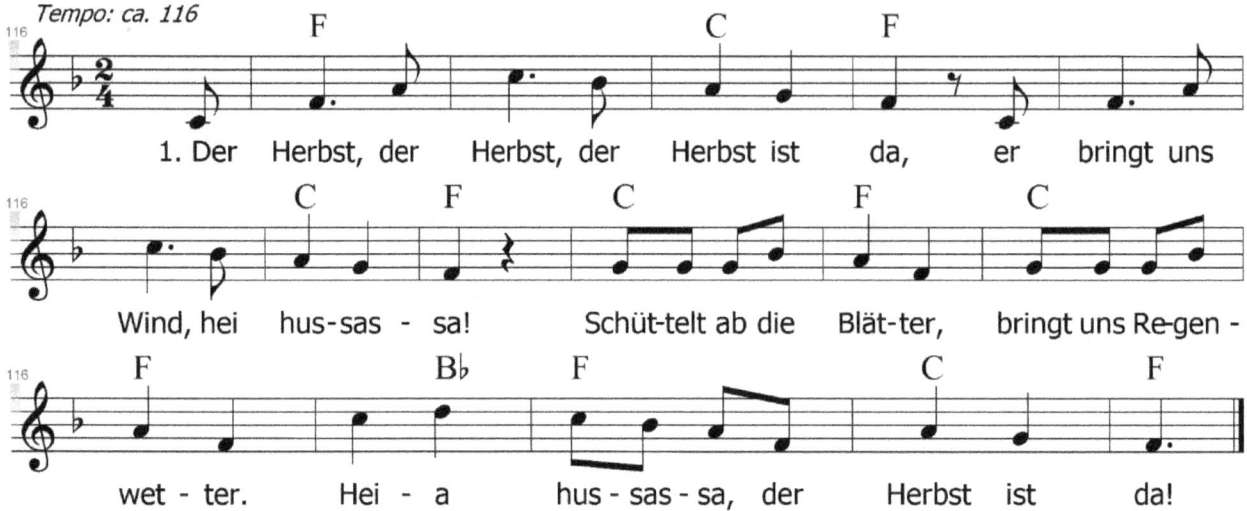

2. Der Herbst, der Herbst, der Herbst ist da,
er bringt uns Obst, hei hussassa!
Macht die Blätter bunter,
wirft die Äpfel runter.
Heia hussassa, der Herbst ist da!

3. Der Herbst, der Herbst, der Herbst ist da,
er bringt uns Wein, hei hussassa!
Nüsse auf den Teller,
Birnen in den Keller.
Heia hussassa, der Herbst ist da!

4. Der Herbst, der Herbst, der Herbst ist da,
er bringt uns Spaß, hei hussassa!
Rüttelt an den Zweigen,
lässt die Drachen steigen.
Heia hussassa, der Herbst ist da!

Bunte Blätter (Herbstlied)

Text und Musik: Stephen Janetzko; CD "Der Herbst ist da - Die 25 schönsten Herbstlieder"
© Edition SEEBÄR-Musik Stephen Janetzko, www.kinderliederhits.de

1. Bunte Blätter fallen herab,
Sonne macht am Nachmittag schlapp.
Äpfel duften wunderbar,
denn der Herbst ist da,
ja, der Herbst ist da!

2. Drachen wolln zum Himmel hinauf,
ich schnapp manch Kastanie auf.
Erntedank wie jedes Jahr,
denn der Herbst ist da,
ja, der Herbst ist da!

3. Regen tropft die Scheibe entlang,
Kürbislichter lachen mich an.
Und der Wind zerzaust mein Haar,
denn der Herbst ist da!

4. Pfützenplanscher sind unterwegs,
Wetter geht mir echt auf den Keks.
Brenn, Laterne, hell und klar,
denn der Herbst ist da,
ja, der Herbst ist da!

Herbst ist da (Autumn comes)

Melodie: aus England; dt. Textfassung: Rüdiger Sell
Auf der CD: "Der Herbst ist da - Die 25 schönsten Herbstlieder", ISBN 978-3-95722-063-9;
Notensatz & CD: Kinderlieder-Shop Stephen Janetzko, Erlangen, www.kinderliederhits.de

1. Herbst ist da, der Sommer verging, Vögel gen Süden ziehn.
Leer sind die Felder, stiller die Wälder, Wolken am Himmel fliehn.

2. Herbst ist da, bald ruhet das Land,
sommerlich Lied verklingt -
will nichts mehr fragen, will nichts mehr sagen,
Nebel sein Spiel beginnt,
will nichts mehr fragen, will nichts mehr sagen,
Nebel sein Spiel beginnt.

Der Herbst ist da! (1-2-3)

Text und Musik: Stephen Janetzko; CD "Der Herbst ist da - Die 25 schönsten Herbstlieder"
Tempo: ca. 180   © Edition SEEBÄR-Musik Stephen Janetzko, www.kinderliederhits.de

Refrain (Wiederholung):
Der Herbst ist da (der Herbst ist da) kommt raus aus seiner Gruft.
Der Herbst ist da (der Herbst ist da)! Ich spring vor Freude vier Mal in die Luft! (1,2,3,4!)

2. Wenn ich jetzt nach draußen geh, kann ich mit dem Herbstwind gehn
und am Himmel an der Schnur meinen Drachen steigen sehn
Ich will heut Kastanien sammeln, Eicheln und noch mehr.
Und dann geht es rein zum Basteln - fertig - bitte sehr!

Refrain: ...fünf Mal in die Luft! (1,2,3,4,5!) ... sechs Mal in die Luft! (1,2,3,4,5,6!)

Zwischenspiel: Lange haben wir gewartet, endlich ist er da!
Dieser Herbst wird noch viel schöner als im letzten Jahr!

3. Wenn ich durch die Pfützen spring, bin ich ganz von Sinnen.
Warme Kleidung trag ich jetzt draußen und auch drinnen.
Ach, ist das nicht wunderbar, die Laternenzeit. Und die Heizung steht auf „3", denn es ist soweit!

Refrain: ... sieben Mal in die Luft! (1,2,3,4,5,6,7!) ... acht Mal in die Luft! (1,2,3,4,5,6,7,8!)

September, Oktober

Text und Musik: J. Christian Rau, www.liederhaus.de; CD "Der Herbst ist da - Die 25 schönsten Herbstlieder" © Edition SEEBÄR-Musik Stephen Janetzko, www.kinderliederhits.de

Refrain: September, Oktober, November, Dezember: Der Herbst ist ein fleißiger Maler wie wir. September, Oktober, November, Dezember: Der Herbst ist ein fleißiger Maler wie wir.

1. Die Felder, wie malt er sie braun! Die Wolken, wie malt er sie grau! Das Laub färbt er golden, die Zugvögel schwarz. Er kennt seine Farben genau.

2. Die Rosen, wie malt er sie rot! Die Pflaumen, wie malt er sie blau, die Kürbisse gelb und den Wein violett. Er kennt seine Farben genau.

Refrain.

Ernte-Tanzlied

Text: Elke Bräunling, Musik: Stephen Janetzko; CD "Der Herbst ist da - Die 25 schönsten Herbstlieder"
© Edition SEEBÄR-Musik Stephen Janetzko, www.kinderliederhits.de

2. Die Sonne hat sich angestrengt.
Sie hat mit warmen Strahlen nun
im Baum die Birnen wach geküsst
und für uns gibt es viel zu tun:
Birnenzeit, Erntezeit.
Für die Ernte sind bereit
große, kleine Leute.
Birnenzeit, Erntezeit.
Endlich ist es dann soweit.
Kommt zur Ernte heute!

Refrain:
So wollen wir heute fröhlich sein
und laden euch zum Tanze ein
um den Birnenbaum. Juchhei!
Dideldumdum und dideldumdei,
Rundherum und eins, zwei, drei,
Dideldumdum und dideldumdei.

3. Die Sonne hat sich angestrengt.
Sie hat mit warmen Strahlen nun
im Baum die Pflaumen wach geküsst
und für uns gibt es viel zu tun:
Pflaumenzeit, Erntezeit.
Für die Ernte sind bereit
große, kleine Leute.
Pflaumenzeit, Erntezeit.
Endlich ist es dann soweit.
Kommt zur Ernte heute!

Refrain:
So wollen wir heute fröhlich sein
und laden euch zum Tanze ein
um den Pflaumenbaum. Juchhei!
Dideldumdum und dideldumdei,
Rundherum und eins, zwei, drei,
Dideldumdum und dideldumdei.

Hinweis: Weitere Verse durch weitere
Früchte beliebig ersetzen, z.B. Kirschen,
Zwetschgen, Marillen, Nüsse u.a.

Bunt sind schon die Wälder

Text: Johann Graudenz von Salis-Seewis, Musik: Johann Friedrich Reichardt;
Auf der CD: "Der Herbst ist da - Die 25 schönsten Herbstlieder", ISBN 978-3-95722-063-9;
Notensatz & CD: Kinderlieder-Shop Stephen Janetzko, Erlangen, www.kinderliederhits.de

1. Bunt sind schon die Wälder, gelb die Stoppelfelder und der Herbst beginnt. Rote Blätter fallen, graue Nebel wallen, kühler weht der Wind.

2. Wie die volle Traube aus dem Rebenlaube
purpurfarben strahlt!
Am Geländer reifen Pfirsiche mit Streifen
rot und weiß bemalt.

3. Flinke Träger springen, und die Mädchen singen,
alles jubelt froh!
Bunte Bänder schweben zwischen hohen Reben
auf dem Hut von Stroh.

4. Geige tönt und Flöte bei der Abendröte
und im Mondesglanz;
Junge Winzerinnen winken und beginnen
frohen Erntetanz.

Apfel-Rap (Der Apfel-Song)

Text: Stephen Janetzko/Christa Baumann; Musik: Stephen Janetzko; CD "Der Herbst ist da - Die 25 schönsten Herbstlieder" © Edition SEEBÄR-Musik Stephen Janetzko, www.kinderliederhits.de

1. Hey ihr Leute, hört mal zu, ich hab was entdeckt:
Grün und gelb und rot und rund, köstlich, wie das schmeckt!
Ob als Frühstück, unterwegs - ich beiß gleich hinein.
Ohne Apfel kann mein Tag doch nur schrecklich sein.

Refrain: Was riecht herrlich, knackt so schön? Apfel, Apfel, Apfel!
Was kommt in die Brotbox rein? Apfel, Apfel, Apfel!

2. Goldener Delicious,
Boskoop, Granny Smith,
Cox Orange und Jonagold -
eins, das ist gewiss:
„Einen Apfel iss am Tag",
wie das Sprichwort sagt:
„Tu´s, dann hast du mit dem Arzt
niemals eine Plag!"

Refrain.

3. Knochen brauchen Kalzium.
Tut dir etwas weh,
stärk dich durch den Apfelbiss
mit Vitamin C.
Zur Verdauung supergut
findest du: Pektin.
Als Ballaststoff weltberühmt -
steckt im Apfel drin!

Refrain.

4. Apfelmus und Apfelsaft,
Apfelstücke pur.
Ich ess ihn am liebsten ganz -
frisch aus der Natur!
Was im Herbst geerntet wird,
lagern wir, na klar.
Deutschland bleibt ein Apfelland
durch das ganze Jahr!

Refrain.

Herbstwind, Herbstwind

Text und Musik: Stephen Janetzko; CD "Der Herbst ist da - Die 25 schönsten Herbstlieder"
© Edition SEEBÄR-Musik Stephen Janetzko, www.kinderliederhits.de

Refrain: Herbst-wind, Herbst-wind weht be-stimmt auch um un-ser Haus ge-schwind; pfeift selbst aus dem letz-ten Loch - und ich mag ihn doch!

1. Som-mer ist vor-bei, al-les ei-ner-lei. Som-mer ist vor-bei, wenn die Blät-ter fal-len.

2. Obst, Gemüse, Wein
ernten wir, wie fein!
Obst, Gemüse, Wein
und Kastanien.

Refrain.

3. Husten, Heiserkeit -
Grippe macht sich breit!
Husten, Heiserkeit -
nein, da beug ich vor!

4. Wenn der Drachen steigt,
kunterbunt sich zeigt;
wenn der Drachen steigt,
will ich draußen sein.

Refrain.

5. Raschelt es im Laub?
Weißt du, was ich glaub!
Raschelt es im Laub?
Bald ist Winterschlaf.

6. wie 1.

Singanregung:
Bei diesem Lied lässt es sich hervorragend organisieren, dass ein Vorsänger jeweils eine Zeile (im Refrain 4 Takte, in der Strophe 2 Takte) vor- und alle anderen diese dann nachsingen.

Es ist Herbst

Text und Musik: Hermann Heimeier; www.notenkorb.de;
Auf der CD: "Der Herbst ist da - Die 25 schönsten Herbstlieder", ISBN 978-3-95722-063-9;
Notensatz & CD: Kinderlieder-Shop Stephen Janetzko, Erlangen, www.kinderliederhits.de

Refrain: Es ist Herbst, Herbst, ja, es ist Herbst, wenn die Wolken schnell vorüberziehn! Es ist Herbst, Herbst, ja, es ist Herbst, wenn die Störche in den Süden fliehn! 1. Es kriecht der Wind durch alle Nischen, will mich selbst im Haus erwischen. Blätter wirbeln durch die Luft, der Hirsch laut in der Lichtung ruft.

Refrain.

2. Die Astern hier in unserm Garten
lang schon auf die Blüte warten.
Sträucher ohne Blätterkleid,
der Winter ist nun nicht mehr weit.

Refrain.

3. Die Eicheln auf den Boden purzeln,
Sturm wird manchen Baum entwurzeln.
Igel kennen diese Zeit,
ihr Winterbett ist schnell bereit.

Refrain.

Ihr Blätter, wollt ihr tanzen

Melodie: überliefert, Worte: G. Lang
Auf der CD: "Der Herbst ist da - Die 25 schönsten Herbstlieder", ISBN 978-3-95722-063-9;
Notensatz & CD: Kinderlieder-Shop Stephen Janetzko, Erlangen, www.kinderliederhits.de

1. „Ihr Blät-ter, wollt ihr tan-zen?", so rief im Herbst der Wind. „Ja, ja, wir wol-len tan-zen, ja, ja, wir wol-len tan-zen, komm, hol uns nur ge-schwind."

2. Da fuhr er durch die Äste
und pflückte Blatt um Blatt.
„Nun ziehen wir zum Feste,
nun ziehen wir zum Feste,
nun tanzen wir uns satt."

Ich fange alle Blätter ein

Text und Musik: Carsten van den Berg, www.cattu.de; CD "Der Herbst ist da - Die 25 schönsten Herbstlieder" © Edition SEEBÄR-Musik Stephen Janetzko, www.kinderliederhits.de

1. Ich gucke durch ein Fenster in den Garten raus. Irgendwas hat sich verändert! Na klar, die Bäume sehen anders aus. Ich geh nach draußen, schau mich um: Bunte Blätter, so weit ich seh. Der Herbstwind bläst sie wild herum und dann hab ich 'ne Idee:

Refrain: Ich fange alle Blätter ein, die roten, grünen, gelben, braunen. Später nehme ich sie zu mir heim. Die Eltern werden staunen. Ich fange alle Blätter ein. Der Herbst, der ist so schön. Erst eins, dann zwei, dann drei, dann vier, dann fünf, sechs, sieben, acht, dann neun und zehn. Daa, da daa, da, da, da, da. Daa, da da, da, da, daa. Daa, da daa, da, da, da, da. Daa, da daa, da, da.

2. Die Blätter auf dem Boden, ich schau sie mir mal an:
In allen Farben leuchten sie. Wie stellt der Herbst das an?
Es gibt nur eine Antwort, sie leuchtet jedem ein.
Der Herbst, der ist ein Künstler, er muss ein Maler sein.

Refrain (2 x):
Und ich fang alle Blätter ein, die roten ...
Und wir fangen alle Blätter ein, die roten ...

Drachenlied

Text: Christa Baumann/Stephen Janetzko; Musik: Stephen Janetzko; CD "Der Herbst ist da - Die 25 schönsten Herbstlieder" © Edition SEEBÄR-Musik Stephen Janetzko, www.kinderliederhits.de

2. Bald nehme ich ihn in die Hand
und prüfe noch den Wind.
Dann halte ich ihn übern Kopf,
und laufe los geschwind.
Der Wind, der nimmt ihn huckepack
und trägt ihn in die Luft.
Doch halte ich nicht richtig fest,
dann fliegt er weg, der Schuft!

Refrain.

3. Du fliegst so hoch, so hoch hinauf,
ich kann dich kaum mehr sehn.
Wie gerne wär ich mit dabei
und würde mit dir gehn.
Wir schaun die Welt von oben an,
wir sehen Berg und Tal,
und Wiesen, Bäume, Wälder, Meer,
das wäre doch genial!

Refrain.

Zwischenteil:
Flieg, mein Drachen, flieg!
Flieg, mein Drachen, flieg!
Flieg, mein Drachen, flieg!
Flieg, mein Drachen, flieg!

4. Doch leider bin ich viel zu schwer,
mich packt kein starker Wind.
Ich bin kein Drachen, groß und bunt,
doch bin ich gern ein Kind.
Drum träume ich so manches Mal
vom Fliegen mit dem Wind,
vom Schauen über Berg und Tal
und lauf mit dir geschwind.

Refrain.

Zwischenteil.

Refrain.

Wenn wir zum Erntedankfest gehn
(Lied zum Erntedankfest)

Text: Rolf Krenzer; Musik: Stephen Janetzko; CD "Der Herbst ist da - Die 25 schönsten Herbstlieder"
© Edition SEEBÄR-Musik Stephen Janetzko, www.kinderliederhits.de

Refrain: Wenn wir zum Ern-te-dank-fest gehn, dann habt ihr so viel Früch-te, so vie-le rei-fe Früch-te be-stimmt noch nicht ge-sehn, be-stimmt noch nicht ge-sehn. 1. Ge-mü-se, Obst und vie-les mehr, das brin-gen wir heut al-les her, da-mit sich je-der dann von Her-zen freu-en kann, da-mit sich je-der dann von Her-zen freu-en kann.

Refrain.

2. Wir ziehn in einer langen Reih´, und viele Kinder sind dabei,
damit sich jeder dann von Herzen freuen kann,
damit sich jeder dann von Herzen freuen kann.

Refrain.

Weitere mögliche Strophe z.B. für den Erntedankgottesdienst:

3. Wir singen froh für Gott ein Lied, und alle Leute singen mit,
damit sich jeder dann von Herzen freuen kann,
damit sich jeder dann von Herzen freuen kann.

Danke für die Früchte

Text: Christa Baumann; Musik: Stephen Janetzko; CD "Der Herbst ist da - Die 25 schönsten Herbstlieder" © Edition SEEBÄR-Musik Stephen Janetzko, www.kinderliederhits.de

Refrain: Danke für die Früchte, danke für das Brot.
Dank für deine Liebe, die immer in uns wohnt.

1. Wir pflücken Äpfel rot und rund, sie hängen hoch im Baum.
Ich strecke mich und mach mich groß, erreiche sie doch kaum.

Refrain.

2. Die Nüsse fallen von dem Baum direkt vor mir ins Gras.
Ich bücke mich und heb sie auf, das macht mir großen Spaß.

Refrain.

3. Tomaten leuchten rot und glatt, wir pflücken sie geschwind
und stecken sie gleich in den Mund, so liebt sie jedes Kind.

Refrain.

4. Die Trauben schneiden wir vom Stock, nun schau doch einmal hier!
Wir füllen unsern Korb ganz voll und teilen dann mit dir.

Refrain.

5. Pflück ich mir dann die Paprika, bück ich mich nicht so sehr.
Sie wächst an einem kleinen Strauch, kommt rot, gelb, grün daher.

Refrain.

Weitere mögliche Strophe z.B. für den Erntedankgottesdienst:

6. Wir danken Gott, der für uns sorgt, für diese große Pracht.
Der uns beschützt und froh sein lässt am Tag und in der Nacht.

Regensamba (Samba Lele)

Text: Kati Breuer; Melodie: trad. aus Brasilien/Bearbeitung: Kati Breuer, www.katibreuer.de;
CD "Der Herbst ist da - Die 25 schönsten Herbstlieder"
© Edition SEEBÄR-Musik Stephen Janetzko, www.kinderliederhits.de

1. Was ist denn das für ein Wetter? Gestern war es doch noch viel netter!
Schwarz sind die Wolken, die Straßen ganz nass. Ist doch egal, wir ha'm Spaß! Wir ziehn die Stiefel an und gehn raus. Das bisschen Regen macht uns nichts aus.

Refrain:
Wir laufen durch die Pfützen und spielen. Regen kann wunderbar sein! Wir ziehn die Stiefel an und gehn raus. Bleibt auch die Mama lieber zu Haus, für uns ist Regen ein Riesenspaß und werden wir auch pitsche-nass.

2. Mit einer Dusche von oben lässt es sich noch mal so gut toben.
Rein in die Pfütze und dann wieder raus, nein, heute hält uns nichts im Haus!

Refrain.

3. Regen tropft auf meine Mütze. Vor dem Haus eine Riesenpfütze!
Und in der Sandkiste herrlicher Matsch; springst du hinein, macht es „platsch!"

Refrain.

4. Man hört Erwachsene sagen, dass sie dieses Wetter nicht ertragen.
Macht es wie wir, Regensachen an und los! Oder seid ihr dafür schon zu groß?

Refrain:
Los, zieht die Stiefel an und kommt raus! Das bisschen Regen macht doch nichts aus.
Wir laufen durch die Pfützen und spielen. Regen kann wunderbar sein!
Los, zieht die Stiefel an und kommt raus! Ach Mama, bleib nicht wieder zu Haus!
Für uns ist Regen ein Riesenspaß und werden wir auch pitschenass!

Laternchen, Laternchen

Text: Stephen Janetzko, Musik: Thomas Kornfeld; CD "Der Herbst ist da - Die 25 schönsten Herbstlieder" © Edition SEEBÄR-Musik Stephen Janetzko, www.kinderliederhits.de

1. Laternchen, Laternchen, ich trage dich am Stab. Laternchen, Laternchen, denn heut ist Lichtertag. Die ganze Welt soll sehen, dass ich dich gerne hab. Laternchen, Laternchen, ich trage dich am Stab.

2. Am Himmel die Sterne,
sie lachen nur für uns.
Am Himmel die Sterne
erweisen uns die Gunst.
Ein jeder leuchtet anders,
das ist die hohe Kunst.
Am Himmel die Sterne,
sie lachen nur für uns.

3. Laternchen, Laternchen,
du strahlst auf mein Gesicht.
Laternchen, Laternchen,
so fürchte ich mich nicht.
Wir zwei sind stets verbunden,
ich folge deinem Licht.
Laternchen, Laternchen,
du strahlst auf mein Gesicht.

Leer sind die Felder

Melodie: aus Dänemark, Textfassung: Gerhard Bünnemann;
Auf der CD: "Der Herbst ist da - Die 25 schönsten Herbstlieder", ISBN 978-3-95722-063-9;
Notensatz & CD: Kinderlieder-Shop Stephen Janetzko, Erlangen, www.kinderliederhits.de

Tempo: ca. 112

2. Schmücket die Tenne mit Blättern und Blüten,
Bauernrosen, Sonnenblumen haben wir genug.
Hei, seht, im Tanze, da drehn sich schon die Kinder,
alle unsre Mädchen stehn und warten auf den Bursch.
Bind´t das Korn zum Kranz! Heißa, auf zum Tanz!
Hierzulande schließt die Ernte stets mit Wein und Tanz.
Bind´t das Korn zum Kranz! Heißa, auf zum Tanz!
Hierzulande schließt die Ernte stets mit Wein und Tanz.

Äpfel, Äpfel, köstlich fein

Text: Elke Bräunling, Musik: Stephen Janetzko; CD "Der Herbst ist da - Die 25 schönsten Herbstlieder" © Edition SEEBÄR-Musik Stephen Janetzko, www.kinderliederhits.de

2. Es locken vom Küchentisch
Apfelmus und Kuchen
mit köstlich süßem Apfelduft,
der zum Speisen ruft.

Refrain: Äpfel, Äpfel, köstlich fein...

3. Es locken vom Ofen her
Bratäpfel mit Soße
mit köstlich süßem Apfelduft,
der zum Schmausen ruft.

Refrain: Äpfel, Äpfel, köstlich fein...

Martinslied (Laterne, leuchte, leuchte hell)

Text: Stephen Janetzko, Musik: Thomas Kornfeld; CD "Der Herbst ist da - Die 25 schönsten Herbstlieder" © Edition SEEBÄR-Musik Stephen Janetzko, www.kinderliederhits.de

1. La-ter-ne, leuch-te, leuch-te hell, La-ter-ne, leuch-te weit! Dein Licht, es trägt mich in der Welt und durch die Dun-kel-heit. Dein Licht, es trägt mich in der Welt und durch die Dun-kel-heit, und durch die Dun-kel-heit.

2. Sankt Martin, reite stets voraus,
wir Kinder folgen dann.
Dein Mantel wärmt tagein, tagaus
den armen Bettlersmann.
Dein Mantel wärmt tagein, tagaus
den armen Bettlersmann,
den armen Bettlersmann.

3. Und alle Sterne strahlen nun
am großen Firmament.
Wenn Menschen Menschen Gutes tun
und die Laterne brennt.
Wenn Menschen Menschen Gutes tun
und die Laterne brennt,
und die Laterne brennt.

Rock den Herbst

Text und Musik: Stephen Janetzko; CD "Der Herbst ist da - Die 25 schönsten Herbstlieder"
© Edition SEEBÄR-Musik Stephen Janetzko, www.kinderliederhits.de

Refrain: Rock den Herbst, die Blätter fallen, wenn die Herbstgewitter knallen. Spür die Kraft der Elemente: Sommer, Sommer - bist zu Ende! 1. Viermal auf der Stelle hüpfen, 1 - 2 - 3 - 4, in die Regenjacke schlüpfen, 1 - 2 - 3 - 4. Wenn wir durch die Pfützen platschen, 1 - 2 - 3 - 4, viermal in die Hände klatschen, 1 - 2 - 3 - 4.
(Refrain)

2. Viermal ganz erkältet husten, 1-2-3-4,
kräftig wie der Herbstwind pusten, 1-2-3-4.
Wenn am Himmel Drachen kreuzen, 1-2-3-4,
viermal fest die Nase schneuzen, 1-2-3-4. (Refrain)

3. Viermal auf den Boden stampfen, 1-2-3-4,
endlich wieder Kekse mampfen, 1-2-3-4.
Wieder für die Schule büffeln, 1-2-3-4,
viermal Kürbissuppe löffeln, 1-2-3-4. (Refrain)

Bridge: Die Ernte ist jetzt eingeholt, die Bauern können pofen. Die Äpfel sind mit Zimt und Zucker köstlich aus dem Ofen. Und schüttet es aus allen Rohren, setz schnell die Mütze auf die Ohren! Endlich geht es in die wilde Zeit... und auch Halloween ist nicht mehr weit!
(Refrain)

Nimm deine Träume

Text: Elke Bräunling, Musik: Stephen Janetzko; CD "Der Herbst ist da - Die 25 schönsten Herbstlieder" © Edition SEEBÄR-Musik Stephen Janetzko, www.kinderliederhits.de

2. Abend für Abend
kannst die Sterne du sehn,
wie sie dir winken und blinken.
Auf nächtlicher Reise
bleiben nirgendwo sie stehn,
Auf weitem Weg, immer weiter.

Refrain: Weit, weit, so grenzenlos weit ...

3. Hell scheint das Mondlicht
durch dein Fenster herein,
lockt dich mit Glimmern und Schimmern.
Auf mystische Weise
lädt es dich zum Träumen ein,
zu einer Reise ganz leise.

Refrain: Weit, weit, so grenzenlos weit ...

Ich schenk dir einen Stern

Text: Alexandra Gehrmann/Stephen Janetzko; Musik: Stephen Janetzko; CD "Der Herbst ist da - Die 25 schönsten Herbstlieder" © Edition SEEBÄR-Musik Stephen Janetzko, www.kinderliederhits.de

2. Schmückt euch mit Sternenstaub, dass sich ein jeder traut.
Lass deine Wünsche frei, sei einfach mit dabei -
Ich singe für die ganze Welt:

Refrain: ... und leuchte weit.
Bridge (Zwischenteil): s.o.

Refrain: Ich schenk dir einen Stern, ob du nah bist oder fern.
Sei ein Licht in dieser Zeit, mach dich bereit und leuchte weit.
Ich schenk dir einen Stern, ob du nah bist oder fern.
Sei ein Licht in dieser Zeit, mach dich bereit
und leuchte weit, und leuchte weit, leuchte weit.

Index (Lieder alphabetisch):

Lied:	Seitenzahl:
Äpfel, Äpfel, köstlich fein	21
Apfel-Rap	9
Bunt sind schon die Wälder	8
Bunte Blätter (Herbstlied)	3
Danke für die Früchte	16
Der Herbst ist da	5
Der Herbst, der Herbst ist da	2
Die Herbstzeit ist da	1
Drachenlied	14
Ernte-Tanzlied	7
Es ist Herbst	11
Hallo-Hallo-Halloween	19
Herbst ist da	4
Herbstwind, Herbstwind	10
Ich fange alle Blätter ein	13
Ich schenk dir einen Stern	25
Ihr Blätter, wollt ihr tanzen	12
Laternchen, Laternchen	18
Leer sind die Felder	20
Martinslied (Laterne, leuchte, leuchte hell)	22
Nimm deine Träume	24
Regensamba	17
Rock den Herbst	23
September, Oktober	6
Wenn wir zum Erntedankfest gehn	15

DIE CD ZUM BUCH

Stephen Janetzko & Freunde:
CD Der Herbst ist da - Die 25 schönsten Herbstlieder -
Eine randvolle, kunterbunte Liedersammlung von der Erntezeit über Halloween bis zum Laternenfest.

Alterszielgruppe ca. 2-9 Jahre/ Spieldauer ca. 66:36 min.
Best.-Nr. 91033-286, ISBN 978-3-95722-063-9
INFO & SHOP: **www.kinderliederhits.de**
© SEEBÄR-Musik (Labelcode LC 05037)

Stephen Janetzko (Herausgeber)

Mit einer 20-minütigen MC „Der Seebär" fing alles an, heute sind es weit über 600 Kinderlieder, die der gebürtige Hagener Liedermacher bereits auf über 50 CDs und in zahllosen Liedsammlungen veröffentlicht hat. Viele davon, wie „Hallo und guten Morgen", „Wir wollen uns begrüßen", „Augen Ohren Nase", „Das Lied von der Raupe Nimmersatt", „Hand in Hand" oder „In meiner Bi-Ba-Badewanne", werden heute gesungen in Kindergärten, Schulen und überall, wo Kinder sind.

... mehr Info, mehr CDs, mehr Lieder & Noten:
www.kinderliederhits.de

Alle Rechte vorbehalten.

Dieses Werk ist urheberrechtlich geschützt. Jegliche Vervielfältigung und Verwertung ist nur mit Zustimmung der Autoren bzw. des Verlags zulässig. Das gilt insbesondere für Übersetzungen, die Einspeicherung und Verarbeitung in elektronischen Systemen sowie für das öffentliche Zugänglichmachen wie zum Beispiel über das Internet.
Ein Nachdruck oder eine Weiterverwertung ist nur mit schriftlicher Genehmigung des Verlags möglich.

© Verlag Stephen Janetzko, **www.kinderliederhits.de**

... noch mehr Herbst:

Stephen Janetzko:
CD Herbst, Halloween & Laterne

15 neue Lieder von & mit Stephen Janetzko für Kinder im Kindergarten- und Schulalter (4-8 Jahre).
Für den Herbst: 5 Herbstlieder - 5 Halloweenlieder - 5 Laternenlieder für Kinder zum Zuhören, Mitsingen, Tanzen und Bewegen.

Alterszielgruppe ca. ab 4-9 Jahre/ Spieldauer **ca. 51:02 min.**
Best.-Nr. 91033-271, ISBN 978-3-941923-37-9

INFO & SHOP: **www.kinderliederhits.de**
© SEEBÄR-Musik (Labelcode LC 05037)

... noch mehr Martinslieder:

Stephen Janetzko & Freunde
CD EIN BISSCHEN SO WIE MARTIN
22 Lieder zum Laternenfest & Sankt Martin
Neue & alte, stimmungsvoll arrangierte Martins- & Laternenlieder von & mit Stephen Janetzko

Alterszielgruppe ca. 2-9 Jahre/ Spieldauer ca. 66:03 min.
Best.-Nr. 91033-276, ISBN 978-3-941923-92-8

INFO & SHOP: **www.kinderliederhits.de**
© SEEBÄR-Musik (Labelcode LC 05037)

... und noch mehr Laternenlieder:

Kati Breuer: **CD Sankt Martin ritt durch Schnee und Wind
- Die 25 schönsten Laternenlieder**

DIE Laternen-CD zu Sankt Martin für alle Kindergruppen und zu Hause!

Stimmungsvoll arrangiert und gesungen von Kati Breuer und mit vielen fröhlichen Kinderstimmen. **Mit den 25 bekanntesten traditionellen sowie neuen Laterne-Liedern** u.a. von Elke Bräunling, Kati Breuer, Lieselotte Holzmeister, Stephen Janetzko, Peter Janssens, Detlev Jöcker, Richard Rudolf Klein, Rolf Krenzer, Klaus Neuhaus, Paul G. Walter und Rolf Zuckowski.

Zielgruppe ca. 2-9 Jahre/ Spielzeit ca. 66:17 min.
Best.-Nr. 91033-284 / ISBN 978-3-95722-059-2

Zusätzlich erhältlich als Instrumentalausgabe:
Kati Breuer: CD Sankt Martin ritt durch Schnee und Wind - Die 25 schönsten Laternenlieder - Instrumental (Karaoke-Version)
Best.-Nr. 91033-285 / ISBN 978-3-95722-062-2

www.ingramcontent.com/pod-product-compliance
Lightning Source LLC
Chambersburg PA
CBHW081503040426
42446CB00016B/3369